SV

In ihrem neuen Gedichtband *Geistersehen* nähert sich Marion Poschmann über das Sichtbare dem Unsichtbaren: der Leere, der Zeit, den Gründen und Abgründen des Ich. Dabei nutzt sie die Vielschichtigkeit der Wahrnehmung aus und geht bis zu den Grenzen, zu denen der Einzelne mittels der Macht der Einbildungskraft vordringen kann. Ihr lyrisches Ich begibt sich an den Punkt der Unschärfe und beobachtet von dort, wie Wirklichkeit entsteht und sich wieder auflöst.

In spielerischer Anlehnung an die Tradition des *poeta vates* widmet sie sich der Betrachtung von Kräuterbüchern, Renaissance-Portraits oder dem »Wiedehopf auf Truppenübungsplätzen«; sie entwirft flirrende Verse für bislang Ungesehenes, etwa »das Nivea-Gefühl« oder »Minusmengen«, und sie findet strenge Formen für Flüchtigstes wie Dampf, Glanz, »Schall und Rauch«. Ihre Gedichte handeln vom Überschwang der Bilder und von dem, was diese Bilder verdecken.

Marion Poschmann
Geistersehen

Gedichte

Suhrkamp Verlag

Erste Auflage 2021

Satz: Hümmer GmbH, Waldbttelbrunn
Printed in Germany
Umschlag: hißmann, heilmann, hamburg
ISBN 978-3-518-24295-7

Geistersehen

Testbilder

in der Fußgängerzone kam Wind auf
wie immer Wind aufkommt bei der Suche
nach jenem richtigen Ort der sich stets
weit entfernt zeigt, die Abfallpapiere
am Boden verrutschten, mein Mantel
flatterte, und, als wäre dies schon ein Grund
mich selbst zu den Dingen zu zählen
als wäre dies schon ein Grund
blieb ich ungefragt stehen

Schatten von Zweigen wischen
lautlos über die Kühlschranktür
aufgeklebte Vogelsilhouetten
flattern noch wenn du vorbeigehst

in diesem Glaslicht zuckt
dein Gesicht wie ein Wurm ich
harke die Blätter es ist
alles da

Wälder: taghell, übernächtigt: ich sah sie
auf einem überbelichteten Film, sah sie flimmern,
die blasse Ekstase der Landschaft.
sie war bis zum Anschlag geraum,
bis zum Abwinken offen,
umgab sich mit Regen und Schnee,

ich verglich sie mit mir. fahle Wälder, bewegt,
eine Landschaft aus wilden Gerüchten,
gewonnen, zerronnen, sie wehten
wie mehrjährig, lichtempfindliche Wälder,
sie hatten die Fähigkeit, Körper
in ihrem Verhalten nachzuahmen.

Rorschachmuster schwimmen in der Uferzone
einmal aufs Wasser und wieder zurück
gefaltete Pflanzen, ihr zwiefacher Rand
– die verfließenden Erlengebiete –

ich bin auf dem Fahrrad dazwischengeraten
sprießende Doppelpflanzen und ich
mit gespiegelter Schwester; ich warte ab
auf was sie mich testen

Störbilder

Klappstühle, Caravans

noch immer ist das Wasser nicht da. nicht in den Augen,
nicht in den Leitungen, wie ein unfertiges Lächeln,
Tigerlächeln, mit dem uns dieser Tag entgegenschreitet
über losen Planken auf Sand, ein zitterndes Lagerfeuer,
das wir durch eine Glaswand beobachten,

du mit der Plastiksandale scharrend, damit es
weitergeht, es. ich erkläre mich nicht, ich hüte
die Kippen und Stiele von Speiseeis, die du so leicht
von dir abstreifst wie diese weiße Außenseite
der Supermarkthalle, vor der wir niemals

zu sitzen wagten. sie ist jetzt ganz leer und sehr haltlos
zwischen den trockenen Rispen. Hühnerbrühe
bewegt sich mit Unterhitze auf einem Plakat. noch immer
ist das Wasser nicht da.

Rohbauten, Brom

etwas wie Suchbewegungen, wie Orientierungs-
verhalten zur einen, zur anderen Seite. ich wußte,
daß es nochmals schneien würde, Glasbausteine
fragmentierten dich zu großen dunklen Flocken,

als wir durch halbfertige Bäder, Küchen liefen,
ziellos. bereits im Windfang hatten wir uns zu
lang aufgehalten; der Rest der Gruppe war
schon weiter. Eiszeitpflanzen im Bauschutt

spiegelten die hin- und herreisende Ferne, auf
meinen Lippen sammelte sich Staub und nah
rauschte die Autobahn wie ein Verzicht,

in dem wir uns fortbewegten, abstrakter
als Tag und Nacht, eine Art Verausgabung,
die uns vorantrieb.

fluide Intelligenz

es waren ungewisse Jahre die uns breittraten.
manche von uns schwammen mit dem weißen
Bauch nach oben durch die Hitzewellen: ein
Totstellreflex. wir hatten all unsre Daten verkauft.

die Wolken sahen aus wie Bauhauswände, weiße
Götter, flach aufgezogen über den ganzen Himmel.
das war der Grund für all die Wetterkatastrophen
und das, was wir taten, Tempelschlaf.

an der Tankstelle zog ich aus dem Blumenautomaten
einen Tulpenstrauß in Folie, er tropfte noch.
uns blieben Spuren von Bewegung, die aufmerksam
geneigte Haltung, mit der wir als Kinder Molche fingen

und die wir gegenüber unseren Vorgesetzten pflegten
wie jene abgebrochenen Stücke von Sandburgen
die wir in unseren Schuhen wiederfanden,
Reste der Hundstage Mitte August.

unter Wolken

sie waren hier beinahe tastbar, ein dunkler Extrakt,
ihre pflaumenfarbene Nähe hatte uns schwach
werden lassen, uns beide zu schlenkernden Gliederpuppen
gemacht. sie streiften uns fast in diesem Flieder-,

in diesem Lavendellicht, streiften vorüber
wie unsere vollgesogenen Hosensäume über den
nassen Asphalt, so ausgefranst, so ekstatisch zerfasert –
du hattest mir leicht die Hand auf den Kopf gelegt,

waren wir doch noch einmal hinausgelockt worden,
hinaus in den Widerschein, zwischen fliehende Schatten,
Schlafwalzen drehten sich tief durch die Pfützen,

wattig und tintentriefend glitten sie über die
Rhythmen der Straßenbeleuchtung hinweg,
um sich schwärzer und schwärzer zu färben

Zementzeit

während uns eine leichte Biegung der Leitplanke
ablenkt von jener gewohnheitsmäßigen Zielstrebigkeit,
auf die wir trainiert sind, werde ich Augenzeuge, wie
eine Verkehrsampel umspringt, plötzlich und müde (und

irgendwie süß: denn wir sollen ihr hier eine Anweisung
für unser weiteres Leben entnehmen), und wie sich in
diesem süßlichen Erdbeerschimmer alles verliert, nur
die Baustellenbänder mit ihren hellroten Querstreifen

flattern, als könnten sie eine Gedankentätigkeit zu all diesen
Dingen hinzufügen, die in unseren Abend gerieten und wieder
hinaus, kaum verändert, nur einmal angefaßt, ein wenig hin-
und hergedreht, um sie ins rechte Licht zu rücken,

damit sie schöne lange Schatten werfen
in unserem Bewußtsein von Macht

Abraumhalden, aus denen nichts folgt

es war dieser kleine Raum auf der Ablage
der sich auf einmal öffnete, totenstill, künstlich
beleuchtet, wie ausgehöhlt: einzelne Plastikfiguren
hockten auf etwas wie Schwärze, die stetig
weggeweht wurde vom Parkhausgebläse und
gleichzeitig reglos blieb, eine Entleerung fand
statt, ein Verwerfen und Glätten der Sehnsüchte
wie am Schulende, wenn man den Plunder entfernt

kahle Tiere, ihrem ergrauenden Plastikfell ausgesetzt,
still wie Verkehrszeichen, ständig bereit, eine Lücke
zu schließen in einem Gefühlshaushalt (den ich nicht kannte),
der mit diesem Parkhaus zusammenhing und einer Luft
voller Abgase, in der die Talismane an Rückspiegeln pendelten,
ganz so, als ob es der Schwung war, den ich vermißte

Brückenheilige, überfließender Nepomuk

wir gingen vom Wenzelsplatz über die Karlsbrücke, dünnhäutig
wie eine Spiegelung, unsere Körper kippten aufs Wasser, sehr fern
und verzerrt, und die Moldau schien eine Gleittür, die sich uns
öffnete mit der Bewegung flüchtender Fische: metallisch,

wie in eine Täuschung versetzt, in eine durch Wasserschaden
verdunkelte Landschaft: einzelne farbarme Tannen wie
Glücksfunde unter Tapeten, vagierende Grünanlagen und
unmäßig glänzende Wälder: dies ist kein sanfter Ort, dies sind

brennende Wellen, Gedächtnisfältelung, die etwas zeigen,
verbergen will. mit jedem neuen Schwappen des Wassers
befanden wir uns in der kritischen Position von verzitterten

Bildern, ich sah unsre Bäuche von unten, die Beine
wie angehockt, domhohe Wolkenwände im Rücken, zwei
Speifiguren, beinah zu weit übers Geländer gelehnt

große Badende

was über den Randstreifen flackerte, war
eine Spiegelung in der Scheibe des Überlandbusses,
durchscheinend wie das blaugelbe Blumenmuster
der Sitzpolster. flimmernde Quallenschwärme,

in denen ich dein Gesicht nicht wiedererkannte,
wurden weit fortgetragen durch obere Schichten
der Bäume und Büsche, wie Heilkräfte abgewiesener
Melancholie. Räume von Hohltieren, durch die du

driftetest, ein Resultat deines Halbschlafs, Regen
nachziehend wie Tentakel. ich nahm deine Hand,
eine Wärmeinsel aus niemals versetzten Bergen (jetzt
Altersbeschwerden), mein Blick hing am glasig pulsierenden

Schlag der Schirme, verwackelte Rückstöße, ausgeliefert
der Strömungsgeschwindigkeit des Berufsverkehrs.

Spiegelungen

vage Einsichten

sofern es mich hier gab, in diesem Raum voll Schäumen
war ich ein Badewahn vor weißer Kachelwand
und meinem Spiegelbild. es schien mir unbekannt.
ein heller Widerstand in unsichtbaren Träumen.

dies war der Stoff, aus dem sich nackte Körper bäumen.
der bleiche Wasserdampf. die ausgetilgte Hand.
ein Bild, ein Fertigteil mit ungewissem Rand.
wie ist die Welt so still in Seifenblasenräumen.

es fiel mir leicht, und doch – wie wäscht man Spiegelbilder?
meins floh, es war nur schwer zu mir zurück zu bitten
aus blindem Kondensat in diese Zimmerzeit.

ich wischte weg, was war, ich sah mich mild und milder.
ich lag dort aufgebahrt in meinem Dämmerkleid.
ein grauer Gegenstand, um den die Nebel glitten.

vage Aussichten

du hast mir Quallen, hast mir Bullaugen gegeben,
zwei runde Fenster in das unscheinbarste Meer.
zu nah, daher zu fern. zu dicht. zu viel. zu sehr.
zu transparent. ich nahm nicht wahr, wie direkt neben

mir dieses Meer begann. ich sah die Quallen schweben,
sah ihren Körper kaum, ein blasser Sack, nicht mehr
erkennbar als ein Ding des Wassers. gläsern, leer
der blanke Hintergrund, an dem Gedanken kleben,

als käme Klarheit auf. als öffneten sich Fenster
auf das, was war, auf nichts. Erinnerungsgespenster,
zu ungreifbar, zu zart. die Blicke scheitern hier.

ein heller Wellenschlag wie ohne Oberfläche
verdeckt, was nichts ist als eine Gedächtnisschwäche,
ein schwimmendes Gesicht, schon innerhalb von mir.

Glanz

I: Spülsaum

und jenseits dieser Glasscheiben noch ein Teil
der weißen Roßkastanie wissen, die
der Winter schon zerlegt hat, ihre
Blattelemente bereits vermodert …

3D im Rücken, Baumpuzzle, und frontal
die monotone Kachelwand, Mosaik
aus wasserblauen Steinen, Wasser
darstellend, stillschweigend Wasser spiegelnd,

teils ja, teils nein, die winzigen Wellen auf
der hellen Oberfläche des Quaders, der,
ganz in den Boden eingelassen,
selbstglänzend schaukelt und auf uns wartet.

> bunteste Badekappen, rosarote,
> sonnengelb und orange, mit Noppen, augen-
> losen Fühlern, Auswüchsen um sich tastend,
> seeanemonig –

und dies umringt uns: flüchtiger Widerschein
von Plastikköpfen, der auf den Kacheln rasch
vorübergleitet. Gummiblumen
sprießen bei mir aus der Schädeldecke.

II: Tintenfische

die Oberkörper stehen in Sackform auf
dem Glanz, in Schulp-, Torpedoform bis zum Bauch
im Glitzern, Flitterzellen spielen
um unsre Füße, die barfuß gehen.

der Glanz des Auges, wabernd und unnahbar,
hat sich im Raum verteilt, jede Kachel spricht,
sie spricht mich, spricht mir Spiegelbilder,
unscharf und weißblechern, wie in Träumen,

wie Leuchtschleim, Tiefseetinte, ein lichter Fleck,
der Fluchtreflex, mit dem manche Kraken sich
ein Double schaffen, formlos zwar, doch
machtvoll, es wirkt und verliert sich wieder.

> Schimmerndes, Wirres, Schwärme; weder Fisch noch
> Fleisch; sie bilden an manchen Tagen rätsel-
> hafte Schichten, die sich auf Echogrammen
> abzeichnen können.

Quadrate lauern wahnhaften Wesen auf:
das Kachelraster, das meine Maße nahm
und nicht mehr hergibt, wie ich sehe,
legt seine Netze um jedes Blendwerk.

III: Jungbrunnen

ich breche wieder in seine Ruhe ein:
das flache Wasser, schlaftrunken, wankt gereizt.
es spritzt. es zischt. Fontänen prasseln
nieder auf mich, auf die Glätte nieder

und bauen an Gedächtnispalästen: schon
sind blanke Säulen, perlende Pathosform
im Nichts versunken, und was Ich war
unsichtbar, unkenntlich, ein Atlantis.

es unterspült mich. Hohlformen, Einfluß-Angst,
und nichts erinnernd außer ein Bild, so sanft
wie weiße Löwenleiber: alte
Wannen mit Tierpranken, mich verschlingend.

> Wanne, du Saugnapf eines Ungeheuers,
> dich besinge ich, singe schimmernd, schwimmend
> die Verwandlungkräfte des Wassers, das mich
> wieder zum Kind macht –

und Mutterhände, wächsern, ein Bild-im-Bild,
berühren mich, sie finden mich, wie sogar
ein abgetrennter Krakenarm noch
selbständig lebende Beute aufsucht.

IV: Tarnfarben

die Hände fingern blindlings nach einem Halt,
in Seifenschalen tasten sie, gleiten ab
wie vom Metallgeländer an der
Leiter zum Beckenrand, und wie Seife

ist auch der Boden, glitschig die nasse Haut
der Badegäste, Kopffüßer allesamt;
sie streifen mich, wenn sie sich nach den
Rückstoßprinzipien fortbewegen,

mit langen glatten Gliedmaßen. riesenhaft
die Taucheraugen, Blick, der erschauern läßt:
wie Jalousienschatten flirrt es
über mich, wellt mich zu Schluchten, Klüften:

> bei Erregung ändern sich Hautstruktur und
> Farbverläufe, zitternde Muster wandern
> quer zum Körper, und überrollt von Buntheit
> fliehen die Tiere;

sie bilden Warzen, Falten und Runzeln aus,
sie altern plötzlich, nehmen die Formen an,
die wir vermeiden wollen. nur die
Gänsehaut gibt davon leise Ahnung.

V: Hochglanz

Impulsblau. Blaßblau. Reglosblau. blechern Blau.
ein Halbschlafbecken. bleiernes Muskelspiel
phlegmatischer Erscheinungsträger,
die ihre Kleider nur langsam wechseln.

die fleischig schwappen. lappender Badeschuh.
geknüllte Frotteehandtücher. Flossensaum.
sie sind nie typisch, sie verschieben
ihre Gestalten im Kobaltblauen

zu Möglichkeiten, einem Sekundenleib,
der wie ein Plätschern andauert. stetig dreht
der Schauraum mit den Badebergen
formloses Glänzen der Nacht entgegen.

> Schaumblüten drinnen, Puzzleteile jener
> Roßkastanien draußen, die sich wie die
> Tintenfische vielarmig an den Scheiben
> festsaugen können –

wir Badenden. wir treiben im Gegenlicht.
und treiben. jede Anordnung ändert sich
nur minimal. und ändert sich so
grundsätzlich, ändert sich. Kobalt. Bläue.

Dampf

I: Gabe der Wahrträume

Kur im Raffelbergpark: einmal pro Woche fuhr
meine Mutter mich hin. immer noch fährt sie mich,
scheint mir, nächtlich ins Leere,
ein Kondensstreifen, Menschenwerk.

meine Mutter stieg aus, hielt mir den Wagenschlag,
hob mich, zog mich hinaus, faßte mich sicher, warm,
stützte mich, wenn ich husten
mußte, rumpelnder Wackerstein

innen, knirschender Kies draußen. dort folgten wir
einem Hauch vor dem Mund, sichtbarer Atemluft,
der Privatwolke, die sie
weiß blies wie ein antiker Wind;

> Kraniche zogen, Gänse durch das Nieseln,
> wilde Graustufen, Wolkenfetzen schwebten
> ums Gebüsch und rasch wie ein Rauch durch feuchte
> Parkbäume, kahle.

Wind, der durch meinen Schal, durch meinen Mantel pfiff,
kalt, als käme er tief aus dem Gewölbestein,
trieb uns vor die Fassade;
unsre Schwingen eng angelegt.

II: Regeln der Hygiene

dumpfe Wärmflaschenluft. kleidete man uns nicht
ein in Bettlaken, in Hemden des Übergangs?
barfuß traten wir durch ein
gummilippiges Tor, das sich

schmatzend hinter uns schloß. Inhalationsraum. ich
stand wie bodenlos da, Dampf stieg aus Gittern auf.
bis zum Knie in Bewölkung
sah ich niedlich aus, engelhaft.

Sole aus dem Schacht II horchte mich ab und drang
in die Tiefe der Brust, sanft wie Salpeter, der
Raum erobert durch Zartheit
und im Keller durch Wände geht.

    nebelbeinig, hatten wir Schuhe, Straßen
    hinter uns gelassen, verloren weiter
    Körperteile, ließen Konturen fahren,
    die wir sonst waren –

viel zu gründlich verwischt. Reinigungsmacht der Luft
schrubbte, scheuerte uns. hellschwirrend hielten wir
uns an Händen, die bleicher
wurden, Wand wurden, Mimikry.

III: Imponderabilien

war ein wattiger Bausch. ausgedehnt in den Raum,
leicht und voluminös, ununterscheidbar vom
weißen Mutterleib, der sich
groß gab, eingedickt; Dampfgestalt,

die mich atmete, die näher und näher kam,
dichter wurde – und ich: eine Vergangenheit,
alt gewordenes Licht nur,
ohne Position: Negation.

»Mutter, siehst du nicht dort ...« – »Bleibe nur ruhig, mein Kind,
das sind Nebel und Dunst.« – »Mutter, der Nebelstreif
faßt mich an!« – »Bleibe ruhig,
Tochter, ich bin es, die dich hält.«

atmen einander ein mit der Geduld der
Engel, Cumulonimbus, Cirrus, Stratus,
inhalieren unstete Schemen. es ist
nichts zu erkennen.

Innenkondensation, hoher Bedeckungsgrad.
ich blieb wegretuschiert. was uns die Sicht verbarg,
war das Sichtbare; und wir
kontemplierten das Ding aus Dunst.

IV: Taxonomie

weiße Dinge im Dunst: Dinge verdunsteten.
Leere, bildergefüllt. Dinge versprachen uns,
immer bei uns zu bleiben,
Dinge flüsterten mir davon,

daß sie da waren, stets. Dinge entfernten sich.
schnell vergangener Rand um einen Gegenstand,
der schon aufgelöst war in
Schleier, Einbildung, Flüchtigkeit:

ihr Bewegungsimpuls, der sie verschwinden macht.
ihr Geschwindigkeitsrausch, der uns zum Schwindeln bringt:
tierhaft jagende Schwaden
rissen Lücken, enthüllten kurz

einen Block aus dunkleren Dünsten,
der ganz hinten ungerührt Strahlen sprühte:
einen hastig tropfenden Brausekopf;
ähnlich den unsern.

eine schweigende Kraft hielt uns im Nebel fest.
unbetretener Raum rückte noch einmal vor:
was fanatisches Anschaun
nicht durchdrang, stand als Wall um uns.

V: die formalen Ursachen oder Seelen

ausgespieenes Weiß sogen wir wieder ein.
Brodem. Salzgeschmack. gut gegen Bronchialkatarrh.
blicklos schienen, Versehen,
was Gedanken an Dinge sind,

wiedergängerisch fahl. ihre Erscheinungswut
ließ mich frösteln. ein Bein schälte sich aus dem Nichts,
schwebte, wiedererinnert,
vor mir. Wände verzogen sich,

Dünste dünnten sich aus, endeten plötzlich dort,
wo ein Körper war: ich, undeutlich hingehaucht.
fette, magere Jahre
trieben Wirbel um uns, die wir

naß auf den nassen Tüchern saßen, wir, in
feuchte Kittel gewickelt, wir, im Trüben
fischend, wir, die etwas wie Regentage
sinnfällig machten –

der erstorbene Dampf rann durch den Abfluß fort,
Dinge kehrten zurück: Holzbänke, Bodenrost,
etwas dürftig noch, wabernd,
mit den Formen noch unvertraut.

unscharfe Jahreszeiten

Erinnerungen an was

herbstlich und kühl ist es
herbstlich und kühl

die Lichtmaschinen laufen auf Hochtouren
durch einen zerschlissenen Vorhang

eine Spur zuviel
schleicht sich in isolierte Gegenstände

Dinge wie in Ablehnung eines schlechten Vorschlags
aus der Existenz herausgerissen und kaltgestellt

vorläufig rückläufig der Reihe nach
und später die peinliche Befangenheit sich selber im Spiegel

zu sehen sich selber eine ausgepreßte Hecke
die plötzlich spritzt und flattert den Verstand zum Narren hält

die Zartheit des Daseins attackiert uns schärfer und genauer
übergenau bis zum Punkt einer neuen Unschärfe

Nebel Glas Kristall
zitternder Umkreis eines Paares mit schuldlosem Blick

das auf Bildschirmen nach innen reist und
alles hinter sich vergißt

eines Paares das sich annähert der Gestalt eines Kleeblatts
dreiblättrig bald vierblättrig

eine lebende Hundeschnauze schiebt sich
durch trittfestes Gras in der Luft hängt ein Flimmern

als kündigten Barthaare eine Enthüllung an
aber nichts regt sich nur ein leichter Wind

der Entschuldigung und der Geduld
erfüllt den Raum mit einem Beigeschmack

Milch wird im Kühlschrank metallisch
Sprühbilder

Schwäne Enten Wasserhühner gleiten vorüber
sie sind eine Einbildung

eine Krankheit an der man fortan nagen wird
wie an einer Zuckerstange

langhalsige empfindsame Duschen
biegen ihr Haupt zurück und zischen

herbstlich und kühl ist es und
die Materie verpackt in feinen Schmelz

sie zerstreut eine Trauer die uns umzingelt
die als Dämmerung die Blätter segeln läßt

die Blicke gerichtet

andere sahen Kinder weiße Bärte über die Straße ziehen.
wieder andere schlossen die Augen. schauten
hinauf. ausfahrend Pracht. Prächte, sich nähernd
wie das allmähliche Ergrauen eines Schädels über
Jahre, über Nacht.

ein Abglanz von allem lag auf den Rentierschlitten,
mancher hielt es für Reisefieber, während es
nicht mehr war als ein fieberndes Gewissen, schwebend
ins Nichts gezogene Wände, die rosenfingrigen
Schichtwolken, die sich in glimmender Leere
allzusehr glichen.

schließlich der Schnee. riß unstete Räume mit,
eben erst, und undenkbar, wie Tilgungen, ferngerückt
schien alles Sichtbare, schien ein uns in sich hineinreißendes
Weiß.

verschwänden moderne Städte im weiß belichteten
Weltraum, ich projizierte persönliche Dias
an ein Firmament, das hell blieb und schwieg.

eine Kommandostimme, die kein Ende hat.
ging durch und durch. und gleißend, rauschhaft
Ankünfte von Flocken, wie Glockenläuten
feierlich aufziehend und die Erscheinungen
hinter sich lassend.

trostlose Tröstungen, so schonungslos, so los:
aber glänzend blieb mir der Winter.

Schall und Rauch

wieder standen sie da, sanfte Statuen, sahen auf
teilgefrorenes Wasser, auf Eisbrocken,
Schlafutensilien, ausgeflockte Kanalgeister, Abschaum.

die Oderbrücke gab uns ein Wärmebild, eingetaucht in das blaue
Orange der Januar-Februar-Märzsonne,
atmete Straßenglätte und schwere Beine, die Vorjahrsgewalt.

noch war alles kahl. Schall: kahl. Rauch: kahl.
das neue Jahr durchfloß die Körper
wie eine Gegend, wo es ständig regnet.

noch war alles kahl. wir glitten wie Lockerungsübungen
durch eine Verbindung von Bildern,
auf welche man Rücksicht nahm.

die Autobahnen. die Wälder: noch war alles Schall, war
Rauch. war weder-noch.
war eine Zeit der Erwartung mit schlechtem Wirkungsgrad,

wie eine leere Vase, die alle nervös macht. Geduld! Geduld!
Größeres werde folgen, neue Wechselkurse,
neue Verkehrszeichen, diesmal mit verbesserter Rezeptur.

aber, und still. wie wir abends auf grau überlagerten Straßen
Modelle von Fernwärme waren,
erinnerungshaltig wie Schall und Rauch,

eine Unschärfe um uns wissend, Schwärme
von Vorgängen,
die sich ins schwarze Geäst zurückzogen.

aufgestöberte Gestalten, Beschönigung

die Fördertürme mit blau gefrorenen Rad-Adern
	die brachliegenden Puppenaugen, der scheuende Winter
	zerstampfte Schatten. wir wären gern weit gegangen.

sein lastwagenfarbener Parka und Zuckerstücke
in Taschen gebettet, verschleuderte Spuren im Hof
als begönnen wir wieder zu hoffen, ein offen gelagertes Ende

Berührungen stauten sich
	hinter den Fingerknöcheln
	entblößte Momente wie
schüttere Mulden, kaum kenntlich: in Bausand gedrückt
	übernächtigte Stellen des Körpers

	in den Tassen klaffte
		Kaffee; ein aufgeklebter
			Ort, eine Notwohnung, ein transportables
			Begehren; und beiläufig lebend
– die Lippen rieben sich am Mantel rauh –

		(zerdehnte Gedanken. unser gefälschter Schritt)

gemeißelte Sicht

Fetzen weithin gelagerter
Häuser, mit Schlitterblicken
die salzigen Bürgersteige, so wie
wir uns sehen

ich schickte dir Briefe mit pergamentenen
Fenstern, beendete schwarze Serie
als lebten wir lange begünstigt
von frühen Stunden
        – schleichendes Gefühl, Solitude, eine Krankengeschichte –

        innerlich waren wir Tiere auf Nahrungssuche
        gemaserte Tauben, Schmuckstücke unnahbar
                Schwingen schwappten wie Spülicht
                        gegen den schnellen Himmel

blauflammiger Zeitverlauf: übten süchtig
Bewegungen wie eine Zündschnur entlang
befanden wir uns in Unglücks-,
in Glückskurven; fürchteten uns

Rauschunterdrückung und Graupelschauer
die dich reflektierten, Gelöstes in Gullygittern
und grobkörnig, Röntgenröhren. Absencen

        in Wassergläsern zerfallene
        Kopfschmerztabletten, ihr
                Immer-und-Nie:
                        du hast dich in der Unsicherheit eingerichtet
                        die ungeheure Verspätung der Trickkiste
                        beeinträchtigt dich nicht länger

»über die Eisenbahnschienen trieb Schnee«

helle Periode

wie dieses Treiben im Licht,
übermüdet, vergangenheitshörig,
und das Gefühl, daß wieder etwas
zum Erliegen kommt und einfach schwindet

so hab ich Schnee noch nie
gesehen: der Sternenhimmel
hat sich auf den Wald gelegt und dreht
sich weiter, Schweife ziehend, Zeiten

im Schlepptau, Flugbahn weißer Kreise –
dabei beginnt es erst: ich kenne
seine Sucht nach mehr, wenn Schnee
mich anfällt, mich befällt wie blinde

Flecken, ein weißer Rausch, der mir
entgegenweht, Schnee fliegt durch
mich hindurch, als wäre ich noch
heller, leichter noch als er

zur Fotografie *Schneetreiben, I,*
1954, von Robert Häusser

Maria Schnee

das war August: blaßblaues Mehl,
das aus der Tüte rieselte, ein schlimmes Mehl,
das Puderflecken hinterließ, und meine sanfte
Angst, daß dies zuende ging

es war nur Mehl, was aus den Briefumschlägen fiel
in dieser Hitze – besonders Rechnungen zerfielen schnell
bei solchem Wetter – ich schwitzte leicht
mit diesem Mehl in meinem Schoß,

ich schminkte mich nicht mehr, Weißmehl 405
lag, Niemandsland, auf dem Balkon, du fegtest
nie bei diesem Licht, und ich, zerstiebend,
ich war Mehl in deiner Hand

Mumienporträt: blaue Wunder

so wir uns zurückversetzen
in Ausnahmesituationen, auf
Aussichtsplattformen, auf/unter
stäubendes Salzwasser, unter
gesichtslose Gischt, die sich als Leere, als reiner
Schockzustand auf unser Antlitz legt, preßt,
mit süßen und salzigen Sanden, festgebacken,
uns noch einmal abbildet, rastlose Alchemie,
rastlos und ruhelos folgt sie Bewegungsmustern,
die wir an den Tag legen, folgt uns wie ziehende
Wolken, hier, wo wir schweifen auf Mole und Strand-
promenade, wo isolierte Verlaufsformen schließlich
erstarren: Kiesel, wie Halsketten, schwer und verschlungen,
binden den Sand an die Weite, unser gewohnter
Ausflüglerblick porträtiert hier das Vage, mumifiziert
die Gezeiten, wo im Geschiebe von Ebbe und Flut
das Wasser einströmt in einzelne aufgerissene Augen,
in wiedererinnertes Miesmuschelblau

Mumienporträt: Syltsand

als öffneten sich wieder Luken
auf jene verwehenden Landquadrate,
Prozeßflächen, über die Sande ziehen wie
Ameisenflug, so glitzernd und kleinteilig,
schwärmende Intelligenz / die rieselnden
reibenden Winde, streuenden Stürme,
und was sich hier um einen Kern ballt (wie
Wolken / Perlen) erscheint als Gemütszustand,
aufgewühlt, regelmäßig erinnert, Genauigkeitshügel
aus so-viel-und-so-viel-Sand, wäre Gedächtnis,
was sich in Wachsen versiegeln läßt, wären
sensible Bereiche zum Beispiel das Unbestimmt-
Werden von Wirklichkeit, wenn Areale,
siedlungsfrei, sich im Bewußtsein sedimentieren,
wenn sie was Landschaft war ablagern in einen Anschein,
Sandschein, Schichten von Nichts / wie wir irre-
gehen als Wanderdünen unter dem bröckelnden
Sonnenkliff, jenen Strand entlang

zu Arbeiten von Alfred Graf

Irrgäste

1
schlief ich noch?
schlief ich nicht mehr?
transparentpapierdünne Helligkeit, dicht
mit Bäumen gefüllt und brüchiger Stille

wir standen mit dem Wagen in der Landschaft:
Schwarzdorn, Weißdorn, so schloß sich um uns
eine Halle der Sparsamkeit, planloses
Hintergrundsummen, niemandem zugehörig

2
fisselnd und ausgedünnt, dennoch
getürmt und geschichtet, das waren die Wolken
die dich immer wieder so anzogen, wie eine Störung
die sich nicht auflöste, die mit uns alterte

wir stiegen aus, um ein wenig Kamille zu pflücken,
uns dieses Gelände zu eigen zu machen, du
mochtest es in solchem Wetter umhergetrieben
zu sein und ein wenig zu grasen, hier und da

3
schüttere Heckenzüge, darin Bewegung
fehlbarer Tiere geht: ihre Verwirrungsmuster, ihr
Verrascheln und versehentlicher Glanz:
was nicht Licht war blieb unbemerkt

die Baumkronen jetzt wie aus eigener Kraft
in erregter Bewegung, ein greller Gewitterzweig
spreizte sich, ich glaubte Raps zu riechen,
Regen, die Geräumigkeit der Büsche

4
wie Werbegeschenke des Herbstes, zu hastig,
zu früh, zu gemischte Gefühle und Unmengen
Wind, ganze Tage zerrinnend, verflimmernd
als Bildschirmschoner, als Blätterfall

auf dem Bürgersteig kreiselt fußhoch das Laub
mit der zuckenden Glut der Kinder, die sich
Gefährten erfinden, die gierig sitzen, stehen,
liegen, deren Schritte knistern

5
ganz Auge, ich war das Haschen nervöser
Bilder, Beziehungsgeflechte erinnernd,
die Spuren alter Kulturpflanzen:
aber gelassen, sehr gelassen

etwas entgegenzunehmen, was völlig
ins Leere geht: ein fallendes Blatt
verbreitete sich wie Schlaf, der Wind
legte sich, und die Dinge wurden still

die Apfel-Allee

die Bewölkung nahm zu. Unheilserwartungen
ballten sich in der Brust. unsere Stimmung sank.
Himmel dellte sich ein wie
Fallobst, bräunlich gefleckte Luft –

etwas kehrte sich hier gegen sich selbst.
ein verkrüppelter Stamm, der sich am Straßenrand
rhythmisch wieder und wieder
holte, war uns Gemütsdesign:

ausgekleidet mit fern endenden Ästen schien
unser Gang über Land; wie eine Illusion
voller schockroter Äpfel,
Äpfel, schwärmend, zum Greifen nah.

pflücktest du, pflückte ich? wächsern in deiner Hand
liegt die Lücke des Baums, die man nicht merken soll,
Trugbild, das du sehr fest hältst
und mit Zähnen die Echtheit prüfst.

Trugbilder: Herbarium

Artemisia vulgaris (Beifuß)

sie stehen in Gesellschaften und halten Abstand
um sie der helle Glanz des *no return*, wenn sich
das Licht an ihnen bricht

wenn Wind uns weiterschiebt, vom
Parkplatz drängt, uns an den Bordsteinkanten
sammelt

                                        sie streifen uns mit ihrer Energie
sie pilgern, Wandergruppen bis ins nächste Jahr
wir wollen diese Energie nicht haben

Artemisia absinthium (Wermut)

stromkastengrau,

wie eine Fußgängerzone am späten Nachmittag
mit ihrem hellen Betonsteinpflaster, in dessen Fugen

die Leere wie Wasser steht, Leere, welche mäandert
eckig voranrankt, Winkel schlägt und unfaßbar bleibt

für den Verstand

Sambucus nigra (Schwarzer Holunder)

mit geschlossenen Augen sehe ich dich

eine Dämmerungspflanze, strichgraues
Kraut, Unkraut-Heilkraut, es biegt sich
ins Unscharfe, ins Grau-in-Grau dieses

Abends, der über dem Bahndamm wabert

du bist ins Gebüsch gebogen: bald
werden wir aus dem Holunderdunkel
Gelee kochen, Siebe voll winziger Kerne

zurückbehalten, Baufeuchte in den Knochen

Schwärmer prallten schon gegen uns, Spanner
und Eulenfalter, als wären wir Fensterglas
eingeschmolzen in Farblosigkeit, inkognito

Tilia cordata (Winterlinde)

Zählbares lag. lag da und wartete
auf unsern Blick. Plattenbau lag,
eine Imbißbude im Dunkeln,
eingefaßt in Unzählbares, Lindenduft:

an diesem Abend erschien er mir
schweißtreibend, stärker noch als
der Heiltee, ein künstliches Fieber
hervorrufend: Imbißbude und

Plattenbau eingefaßt von meinem
Denken in blumigen Mustern
(ich dachte an dich, wie du Dolden
in eine Papiertüte pflücktest, sie

heißblütig horten wolltest und
aufbrühen, später) – erst jetzt wußten
wir, was Blümchentapete bedeutet.
und die Beweislast liegt immer bei uns.

»Du bist's, der zwischen Tod und Leben
Am grünen Strauch der Welt muß schweben.«
Friedrich Rückert

Rosa canina (Hundsrose)

ich vergaß den Autobahnabhang, auf den
ich geklettert war, ich vergaß die vergilbte Gardine,
die mir noch immer im Blick hing und mit
ihren Garnblüten meine Erinnerung trübte, ein
Nachbild mit wachsamem Bleiband, straff
schaukelnd, mich einlullend

strenger Kanalgeruch stieg in die leere
Mitte der Büsche wie eine Ranke, die sich
von sich aus verlängert, sich vortastet und
Ornamente bildet –
                    ich klebte am Damm,
ich verstärkte mein Blühbemühen,
irgendwo führten Betonstufen hoch auf die
Fahrbahn, der Endlosverkehr ein verwittertes
Grundgeräusch, Efeugefühle krochen
den Rändern nach, eisernes
Inventarium

Chamaemelum nobile (Römische Kamille)

wir tranken Tee aus dem Erbporzellan der
Äbtissin, gedachten der Vorgängerinnen,
Wappen entfalteten an allen Wänden
verschlungene Schwingen, bewegten sich
raubvogelhaft durch den Raum. ich saß wie
in einer gigantischen Schneekugel, fröstelte,
während die Toten, die man memorierte, das
Zimmer durchschneiten. ich trank Tee, unter
meinem Gedeck breitete sich wohl ein Fleck
dunkler Flüssigkeit aus, der zunahm an Umfang
und zunahm, ein schwärender Fleck vom
Umfang der Welt. Kamille begütigt. Kamille
ist machtlos.

Cichorium intybus (Wegwarte)

ihr schockierendes Blau ist das Blau auf der Packung
mit Kaffee-Ersatz.
begleitende Bläulichkeit, milchsaftführend, am Straßenrand
wie versprengte Reste des goldgrundigen Firmaments,
der mittelalterlich äußersten Ferne: die unerreichbare
Bläue, Bläulichkeit, winzige Reservate romantischer
Sehnsucht, nur irrationaler, ganz diesseitig, ein Elixier
des Sublimsten, der Mittagssonne, begleitend die Ein-
und Auszüge unsererseits.

»… daß man im Gegensatz zu Nonnen nicht Gleichförmigkeit und Bescheidenheit anstrebte, sondern bemüht war, durch die Verwendung kostbarer Materialien wie Samt und Seide das Gegenteil, die Exklusivität des Stifts bzw. der hochadeligen Frauen zu demonstrieren.«
Ute Küppers-Braun, *Macht in Frauenhand*

Acorus calamus (Kalmus)

Prachtlibellen, schwirrender
Schließreflex, die hochgeschlossene
Witwentracht hält ihre innere Unruhe
fest, komprimiert Energie von
Jahren, Jahrhunderten: Jungfern
in vollem Ornat: in glänzenden
dunklen Gewändern

stehen sie über den Seerosenstielen im
Sonnenlicht, ein Vibrieren wie unter
Schutzatmosphäre verpackt, reich verziert
nach Geschmack des Kaiserreichs mit
Facettenorden, mit Schärpenbändern –

huschende Intensitäten, nervöse
Metallic-Effekte, getrieben (beflügelt)
vom Schleier im Rücken
»der Kleiderluxus der Damen sei oft
ein Problem gewesen«
: schwarze
Wasserporträts, flüchtig wie Pflanzenduft

Lilium candidum (Marien-Lilie)

Sterbe- und Gnaden-Quartal:
eine Wohnung voll Lampen in
Blütenform,
        gläserne Blütenschirme, die sich
        zum Abend hin
        mit Insekten füllen wie üblich.

Stiftsdamenlampen, ein alter Bestand:
ich betrachtete hier meine eigenen Lampen
als gegenstandlos.
es wird jetzt früher dunkel. Reibung. Reibung.

Impatiens glandulifera (Drüsiges Springkraut)

mit größerer Nüchternheit
ins rührige Wasser starren
mit trügerischer Geduld einer Blüte

schon vorher klüger, den Pfeiler
der Ruhrtalbrücke im Rücken,
zu Füßen den Fluß, seine Überlänge

schon vorher klüger, und nachher
bleibt alles beim alten: der Fluß
bleibt übrig, nur schwer zu erschüttern

immer der Fluß

Impatiens noli-tangere (Großes Springkraut)

ließen wir dich?
du, Ungeduld – Unduldsamkeit,
behängt mit Kapseln, die verbergen, mit
verneinenden Gebärden, Abwehrhänden
an dünnen Ästchen. nein,
wir tasteten nichts an, wir fürchteten
Berührungswunder und Vernichtungswunsch,
den Tod, den Teufel, die aus Kisten springen.

buhlten um deine Gunst, umlauerten
winzige Bunker, hegten die Vermutung, daß dort
Schauwunden bluteten, Blößen gezeigt wurden,
tief in den Schoten, den Mandorlas, Medaillons:
mit einem Fingerschnips geöffnet und gleich
ausgeweidet wie ein Überraschungsei.

Grasnachmittag am Bach: wir überließen uns
dem Ach, dem Krach, dem Würgegriff
der Welt, den Pflanzenflecken auf dem Hemd

Arctium minus (Kleine Klette)

ich lag
unter der Gartenmöbelhülle für die Nacht
Kletten an den Strümpfen, Zerpflückungswünsche
in widerborstigen Fingern wie körpereigene Abwehr

es war ein Andocken im Schlaf
an etwas Festes, Zecken-Warnschilder,
maßlos vergrößerte Zecken umringten
mich mit Begrüßungsgeschenken,

mein Gesicht nickte ergeben
am langen Halm, ich sah wohl klein aus
und unbehütet, als würde ich warten,
jemanden siezen zu müssen

sie aber wollten mir beipflichten, daß dieser
Stauraum zu klein sei für weitere Teilnehmer,
reichten mir Dinge, die als identisch gelten,
wenn sie denselben Standpunkt besetzen

Selenicereus grandiflorus (Königin der Nacht)

eine Kakteenblüte, der die Sicherungen durchbrennen, die sich
völlig stillos entfaltet und zuklappt und wiedereröffnet,
als wäre sie, ja, ein Nacktrestaurant mit Pizzaverkauf
und Salzwüste

natürlich, die Abflüsse sind verstopft und im Untergrund
bleibt die Furcht vor verschwendeten Kindern, die immer
in eine Richtung gekämmt sind, mit Müdigkeit angefüllt,
schläfrigen Geisterstädten

leider tragen die Tage weiterhin Scheuklappen, sind wie ein
Reisegepäck voller Engegefühle, ich war entsprechend jahrelang
unerreichbar, ich war die Blumenmalerei auf einem Teetablett,
schwarzgründig, klar lackiert

die Geisterseher

»stark sind erst die Toten«
Broch, *Die Schlafwandler*

»What you see is what you see.«
Frank Stella

Projektor, schwarze Schenkungen

das Nachbild der Glühbirne
auf der schwarzen Wand:
du bist jetzt so frei, wie du noch
nie warst, sagt er,
auch wenn alles um dich herum
düster aussieht

Märzränder, Wanderung

lückenloser Rauminhalt. Gänge,
unbestätigt, entlang dem Maschendraht und
grauen Pflanzen. Stadtbrachen aufgeladen
mit dem Gewaltigen jeden Vergessens, die Flächen
vertrockneter Gräser wehende
Deckerinnerung
(Viehtritt; Zum langen
Jammer; Rinder-Auktionshalle)
wir gingen
weich: wie eine Menge schlaffer Rosenblätter
über die hellen zugestaubten Areale, alle
weltlichen Tröstungen hinter uns

Minusmengen

wir wanderten
auf absinkenden Jahresscheiben
        heute noch
überlebensgroß
die Schatten, die uns folgten
        heute noch
so erhoben sich
nächtliche Tiere, ausgebreitet zu Raubzügen
    sich immer weiter vertiefend
du warst eine abgespaltene
Teilvorstellung, dunkel, verworren
        in öden Gründen erwarten wir dich
        mit Mehrfachkonturen versehen
        auf daß wir nicht Schaden nehmen
    gefallenes Wasser
trieb unter deinem schlafmachenden Prinzip
auf jede Regung hin ging
etwas über wie niemals verwunden
    wie unsere Kindergestalten auf fleckigen Fotografien,
    bewegungsmüde, jünger und älter als wir

Theriak

Preßsäfte, Sirupe, Weine, Mixturen, wie Kopf-
krankheiten ihr unergründlicher Nachhall:

so faßte ich etwas zusammen, was scheinbar
die Fragen stellte und seinerseits fragwürdig blieb,

was sich wiederholte und steigerte, stäubendes
Lärmen voll Hinfälligkeit und Auflösungsängsten,

als hätte ich nicht meine Schuldigkeit / Brusttrank
eingekocht, Absud aus Wurzeln, Essenzen, Extrakte

und Aufgüsse, ich stand wie immer unter Verdacht,
die *materia pecans* = schuldiger Saft befände sich

weiterhin / war ich nicht ein Destillat dieser
Abendluft? – bitte die nächste Frage

Schwarzpunkt

Schuldgefühl ist immer berechtigt.
schließlich war ich nicht schwarz, auch nicht
geschwärzt, war SCHWÄRZER ALS.

damals wollte ich noch
eine Wolke werden, die Art, auf der
Gott sitzt, umgeben von Blendungen,
Blechbläsern, Hagelraketen,

schon damals war es mein Wunsch,
am Wetter beteiligt zu werden,
doch man begnügte sich meist
mit dem Grad meiner Dunkelheit.

»schwärzer als« wäre der Ort des Gesichts,
das Geheimnis.
nichts wird verwechselt, alles bleibt gleich.

Albedo

Schwüle, und wenn du sagst weißglühend
meinst du den Hintergrund eines Ereignisses,
ausgewalzt von dieser Unsumme Leuten,
die vor uns und nach uns kamen,
sehr dicht und sehr heiß

jenseits des Jägerzauns halten sich Hügel aus
Heizgetreide, umlagert von Jugendbanden und
unverwundbaren Körperschaften, gruppiert
wie die Wannen in osteuropäischen Thermen: dieselben
Gebärden um Schachtische, sieben Gesichter
der Sonne als Wandmosaik und derselbe weltbeste
der Orte im Innern des Radios, tragbar und warm

der unkalkulierbare Hintergrund
enthält Spuren von allem, was in ihn hineinfiel,
was ich verworfen habe, geborgen.
er ist ein Tabuthema. er wird alt.

das Heraustreten am Tage

weiter, wieder, entfernte sich hier eine Hülle, weitete sich
wie ein lange getragener Rock. Elasthan
dehnte sich zwischen den Schüttgutboxen, wo noch der
Luchsgeruch der russischen Reisegruppe, ihrer khakigefärbten,
stark imprägnierten Schirmmützen schwebte.

hinter dem Altkleidersack befand sich die eine
mißlungene Stelle, Jogginganzüge voll Schürfwunden,
ungefüge Relikte von Stadtmöbeln, Körper erschienen
bei Fälligkeit.

ich veränderte mich durch Bewegung, ein ausgeleierter
Gummizug, der sich um Parkuhren schlängelte, seine eigene
Räumlichkeit mitschleppte, Wetter wie Kaltleim, wie Pech.

in voller Länge erforderte meine errechnete Wegführung
letztlich ein Überverständnis für Sport.
es war wichtig, in Form zu bleiben.

leere Schwimmbecken

wir stießen uns ab
vom Rand eines Unbehagens

ich sah auf die matten
Fluktuationen im Pool, ein paar Eicheln
fielen ins Wasser, verschlossenes
Pochen, das Ahnungen wiedererweckte von jenen
tapferen Doppelgängern, die uns beständig entgegenkamen,
ohne uns je zu erkennen

der Weg zum Flughafen

es ist jetzt vorüber. vorübergezogen

über die Frontscheiben mühen sich
Wälder, Schmierränder, Reiseschlieren
eine gescheiterte, eine Formfindung
des Unbewußten

im Spiegel ein Stück
von jenem Behältnis in Grau
in dem wir hingegeben rauchten

und das jetzt nichts als diese
Stimmung ist, in die wir uns
zurückziehen, wenn Wind aufkommt

es ist jetzt vorüber.

zu früh kriecht das Dämmerungssehen
an dem entlang, was wir für Trennwände hielten

und ich auf dem Beifahrersitz
kleine Polster und
lockere Rasen bildend

wieder, was ruft, was schweift

das Nivea-Gefühl

der milchige Eindruck des Brustbilds
verstärkte sich
unscharfe Ränder des Lächelns
wie Spähtrupps des Unterbewußtseins

»hat Pfefferminzpastillen zum Hüpfen
gebracht, die sich selbständig weiterbewegten«

er ging uns entgegen. Monteurszimmer
Tankstellen. Autoreifen
getürmt in der Peripherie

beizeiten Doubletten zurücklegen
riet er, Doubletten von dem
was uns heilig ist, Farbsäume
Nebenwirkungen, die Niederlage
des Vereins

man kam nassen Haares
gedunsener Finger vom Schwimmen

versenkbare Sperrpoller
glitten nach unten
und gaben die Ebene frei

Sonnenverfolgung

Laubhügel, Laubhaufen, Laufen
durch streng observiertes Laub
durch durchleuchtetes Rascheln
ein huschender Rand, als wären
Rehe zugegen

                    ich registriere, wie wir
ein Stück offener Landschaft wieder
gezielt ohne Deckung durchqueren

innen noch immer die zornige Last
der Kindheit

                              Insekten lassen sich
auf großen Wasserkörpern nieder, vom Glitzern
angelockt und dann vom trügerischen Grund
erfaßt

die Sonne sinkt bereits, wir stören schwierige
Gesteine, Schotter, wenn wir ihr in die toten
Winkel folgen

Schattenstrahlen

wie Bilder, die aus dem Gesichtsfeld verschwinden
und hinter die Augäpfel rutschen
        callaweiß, porzellanen, zementen, frostig
erschien beim Betreten der Kirche der
Wahnwitz der Innenbewölkung,

kalkig und gipsig und dennoch
vernunftähnlich, wie eine eingeschlichene Neigung
        zu Schleiern und Dunst
wir gingen weiter, angereichert mit Leichtigkeit,
unruhig,

als hätte uns jemand am Arm berührt,
als hätten wir eine Gelegenheit
        wieder nicht wahrgenommen

Levitationen (Rom)

man ging mit riesigen Pupillen, sah
Beleuchtungskörper, die in Unterführungen
unter der Decke schwebten. ihre unendlich
verlangsamte Krise, hysterischer Schlaf.
man sah ihren dreckigen Abglanz, zerwühltes
Licht an den Wänden, die Laken und Schweißtücher
bleicher Leiber – elektrifizierte Reliquien,
umschwirrt von Fliegen und Pißgeruch,
sie brannten.

Bilokation

früh morgens fanden wir
Berge von Fahrradfelgen
in unserem Vorgarten wie
Regelkreise von Begehren und Verstoßen

ich ragte heraus
aus den Schichten
der Doppelbelichtung in denen
wir hatten verschwinden wollen

du blicktest zurück zu mir
flackernd von Sendepausen durchwirkt
du wolltest dir Zwischenräume zugute halten
was nicht gelang

ich tauchte die Finger wie Blumenstiele
tauchte ins Waschbecken falsche Scham dachte
an Pfützenringe Energiesparlicht das
auf der Heizung schmilzt

Scheinbeweise

es bahnte sich an wie das sachte
Verrücken von Briefbeschwerern
kugligen Glasgewichten
mit Einschlüssen von Schnee

das Zimmer changierte zwischen Macht und Müdigkeit
du föntest eingefrorene Wälder
ich stellte sie hierhin und dorthin
Geläufigkeitsübungen Wandgefühl

die Blätter in deiner Armbeuge werden schwarz
es ist mein Bedürfnis markiert zu werden
damit du mich findest die weiße Knospe
auf weißem Grund

es bahnte sich an
ein Winter aus Ebonit Bakelit er zerfällt
in Schwärze und Glänzen
Zimmer verblassen wir erinnern uns an nichts

Nachbilder: Kanäle

Waschanlage (Rhein-Herne-Kanal)

es ist die Ausfallstraße die sich träge
vorwärtsschiebt, den aufgeweichten Teer
voranpreßt, Mutter.
ein lahmgelegtes Flußbett
eine Sickergrube spült die Gestalt, die ich gewinne,
langsam weiter, spült weich in jenen harten Hitzegraden,
was Staub und Stickigkeit, was Wandern war.

der hohe Sommer wälzt
die kolorierten Autos in der Trommel:
ich sehe sie rotieren, hier, im grellen
Flügelschlag von Schmetterlingen, das Licht,
es torkelt einzeln durch die Ebene, läßt sich
auf Halmen nieder, auf Verlorenheit, dem
glatten schwarzen Wasser des Kanals.

Schaumplage

was lange warm bleibt im Kanal:
Spritzwasser, Haushaltsabwasser, was
uns rund wäscht: es war eine Schaumplage,
damals, mannshohe Waschmittelmauern
trieben wie Wanderpokale, das waren
die 50er Jahre, die weißen Reinigungssäulen
stopften die Schleusen zu. damals:
(war es so, Mutter?)

soap operas bedeckten Parkplätze nach
Ladenschluß. sämtliche Vororte voll unbefriedigender
plots, da man an Handlung nicht mehr
glaubte. damals: ich stand bis zum Bauchnabel
mitten in tausend schwappenden Augen
die pausenlos schauten. was lange warm bleibt
im klammen Gedächtnis des Wassers
(erkennst du dich wieder?)

ich war eine leere Duschkabine,
in der Seifenblasen aufstiegen, etwas
Fragiles, das sich dem Bewußtsein
zeigte und sofort wieder zerplatzte.

Bügelbilder

wir kamen nicht umhin, die Billigkeit
der Biedermeierbuden zu bewundern. Pappmachépeople
mit Kochmütze und weißer Schürze bewegten Bestecke
und blinkten gelegentlich. mürrischer angelegte Besucher
flüchteten unter die Vordächer, aus Päppchen voll Puderzucker
blies uns der Wind ins Gesicht.

wir lehnten gekrümmt an der Bretterwand
einer rauchigen Würstchenwelt. Riesenräder
begannen zu wandern, drehten sich schwer
durch den Schnee, ein Mahlwerk,
das deine Gedanken erfaßte. du schienst zu erstarren,
du richtetest mir meinen Handschuh, der doch
am Band durch die Ärmel geführt wurde,

sprachst mir von Flitter und Tand und
ich hörte die Knochen knacken, während die
Landschaft im bunten Reklamelicht noch
zirkuliert zwischen Unsicherheit und Bewegung,
mit der beflissenen Weichheit, die man
von Stärkemehl kennt, zu kennen meinte, vielleicht

etwas weniger, etwas mehr.

Duisburger Hafen

der Tag war die Bremsbewegung eines von Hand
geführten Modellautos. Markierungslinien
bildeten Straßenkäfige, die jedes Denken in
Überflüssen verwehrten. es war eine Absteige,

an der wir hielten, die Fenster verklebt wegen
Baumaßnahmen; im Zimmer rieb sich das
Blaulicht der Folie an dem geheimen Vorbehalt,
den du gegen mich hegtest wie ein Tier.

ich saß auf dem Bett, ich fühlte mich aufgeschüttet,
wie eine Leistung, die schon erbracht worden ist,
zertrümmerte Kinderwelten, die hier auf Halde lagen.

lackrote Äpfel glänzten im gläsernen Sarg eines
Sechserpacks. ich biß in mein Kissen, wollte dir Dinge,
die zu schwer sind, aus den Händen brechen.

die Nacht blieb ein Tal voller Engpässe, Fahrt
über ölige Wasserspiegel. Schleppkähne tuckerten,
sie transportierten Versorgungsängste und Dunst.

Butterfahrt

der Fernsehturm saugte uns hoch. oben
drehten sich leuchtende Stockwerke weiter,
löste sich das Gebäude in Schlieren auf,
Wolkentrümmer, in Flecken, zitronengrau
wie aus dem Kochbuch der Vorkriegszeit

ich schmeckte nach Fahrstuhl und nach
Panoramaplattform; vertiefte mich in die gestreiften
Trinkhalme, das, was sich wieder vergessen läßt.
du fotografiertest die Dünste, die Mangelerscheinungen,
Lampenbügel und Echsenprägung, ich haschte
im Glas nach verminderten Eiswürfeln, beides
war richtig

als hätten wir das alles ausgeatmet:
ein Restaurant aus rauchig getönten
Scheiben, in denen Gesichter somnambul
Zeremonien vollführten, sacht
hin- und herrückten, Lebendschach

Kraftfeld

aus den Terrassenfugen
schwirrten die Ameisen, Glanz heißen Sandes
der unter den Platten hervorquoll wie
Flüstern im Unterricht. ich

war ein Kinderkleid, staunend, behaucht
mit netznervig-hochzeitsfähigen Flügeln

wir glitten durch Umkehrschlüsse
ein ungehöriges Fliegen, Verdämmern,
Vergessen, in Hellsichtigkeit versinkend

späterhin würde ich sein: resigniertes
Gebiet, das zurückbleibt, abkühlt, da
die Sonne wandert. Ameisenstraßen
zogen ein Schnittmuster über den Garten

ich ging auf Zehenspitzen, als ob
ich mich auf gestrichelten Linien vorwärtsbewegte

Mikado

wie Bildungshunger: als bildete jene durchsonnte
Gardine, ihr Muster auf unseren Bäuchen,
den Hunger ab, Schönheitssucht, herb
und fragil, unersättlich, wir hätten
Insektenschwärme herbeischaffen wollen und
noch einmal loben was Sommer war,
noch einmal auf dem Balkon zwischen grün
irisierenden Fliegen sitzen, Cocktailspießchen aus
Käse und Weintrauben ziehen, dabei unersetzlich
die Fliegen, wie kommunizierende Klingelanlagen,
besitzanzeigende Fürwörter, brummendes Mein
und Dein, sie zählten die Spießchen am Tellerrand
(Bildungshunger!), und wenn wir neben ihnen
sprachen, klang es unruhig und bedeutungsvoll
wie durch ein Megaphon

was Sommer war: so tastete ich nach dem Magenknurren,
den hin- und herhastenden Flimmerbildern,
als ob es Fliegen wären, sie, noch einmal von mir kostend,
Fliegen, kosend was Sommer war:
wie eingebildet fiel ich ihnen zu,
gehörte ich bereits dem Schattenraster,
von der Gardine ganz auf alt gemacht

Rheinisches Schiefergebirge

ich hatte versehentlich Teflon
zerkratzt, mit Metallbesteck
Umrißlinien prähistorischer Tiere
in eine unserer Pfannen gezogen

über die Lampe der Dunstabzugshaube
bewegten sich dunkle Insektensprenkel,
verhuschten das Milchglas, suchten die
weißen, zärtlich durchscheinenden Bullenkälber,
die unterhalb unserer Reizschwelle lagen

ins Spülwasser tropften
Mammute, Auerochsen, trafen auf die
verzerrte Spiegelung von Riesenhirschen

ich blieb ein Schwamm,
der uns bis hinter das Licht führte
triefend vor Müdigkeit

sie trocknete ab, faltete Ewigkeiten
auf Handtuchformat

Industrieschnee

nachmittags war eine durchsichtige
Schicht gefallen, zu dünn, um
nicht künstlich zu sein. öliges
Dunkel darunter, von Reifenspuren
sofort wieder aufgedeckt: wässrige
schwärzliche Blöcke, im Fischgrät gegen-
einandergesetzt, wie nachtwandernd

brachten sie mich dazu, noch nicht
abzufahren. aus einem Gitter
stieg die behutsame Umluft der
Tiefgarage, durch eine strenge Nieselgardine
führten verschlungene Bremswege, das kalte
Raumgefühl, nur hier, nur für kurze Zeit.

ich fühlte mich dünnwandig wie ein
geriffelter Plastikbecher: man sieht noch
von innen den Schatten der Hand die ihn
hält, man sieht, wo Wildnis hier beginnt,
am Rand der Haushaltsgegenstände.

Gummiprofile, die mechanisierten
Paarhufertritte: sehr sanft nahm ich
Abstand zu ihnen. diesmal blieb ich
im industriellen Gestrichel, röche
nach Rauch, noch lange.

Hinweise zur Erderwärmung

störrisch im Gegenlicht stehen
die Wintertiere mit Goldrand
sie kauen ein Amt, eine Bürde
wir wollten uns wärmer fühlen
noch haben wir alle Sonne für uns

der leichte Rauchgeruch aus ihren Hufen
liegt tiefer als sonst. wir kneifen
die Augen zusammen, behelligt, geblendet,
und später ergibt es sich, und wir
stopfen die Ritzen zwischen ihnen zu

so entsteht ein Gefühl von unverhoffter Freude
wie sehr stark durchgeführte Flüsse
die Winterhitze, noch ist sie rosa
etwas Zänkisches treibt säuberlich abgepackt
in dieser Polarnacht aus Zellophan

Raumkrankheit

es war das Naheliegende, an das sich
niemand erinnern konnte
Herden von Gemsen eilten über die Berge
wie etwas gänzlich Unkluges, wie Wellen

dann verharrten sie in übertriebenem
Wetterleuchten, umstrahlt von unserem
bewundernden Blick. wir umgaben sie
im Geiste mit Edelweiß und Enzian,

stille Teilhaber an ihrer speziellen
Art von Bescheidenheit, die nur manchmal
erschreckt zurücksah, damit wir die Fraßspuren
nicht bemerkten, den Forstverbiß

es ist ihre unstete Drift
tief ins Geröll
es sind die immergleichen Abwege
Fachsimpelei ihrer winzigen Hufe

es ist die kleine Heiligkeit mit der sie
Räume schaffen, nicht für uns geplant
es ist ihr leicht verstreichbarer Speichel
der uns um den Schlaf brachte und noch bringt

Bildnisse

Selbstporträt als Innozenz (nach Velázquez)

mit purpurnen Mänteln beginnt erst die Arbeit
am Pontifikalen. ich stand auf der Roten Reliquienliste,
ein Über-Ich erster und zweiter Ordnung, auf

Isolierstation, im *gabinetto* versteckt; die Imitatio
rücksichtslos flammender Herzen ist echt: blinde Spiegel
sind jetzt den richtigen Räumen gewichen, die Macht

der Erscheinung zu wahr, nur zu wahr, um als
Denkmal zu gelten. meine Ersetzungsgestalt
bewegt sich wie rieselnder Putz, wie von selbst. aufgegebene

Geschlechtsorgane, schlaffe Spitzen, Samtgewänder
hängen mir am Gerücht eines Leibes, als schwebte ich
über den Dingen. nie endet die Arbeit am Pontifikalen,

ich muß mit zusammengepreßten Lippen
meine Namen daran hindern, auszufahren

Selbstporträt als Innozenz (nach Bacon)

als Pfropfreis pflege ich mich auf die Sessel zu pflanzen:
Veredelungsriten im Rohstoff der Merkmale, meiner selbst
ungewiß vor dem Gestänge geschwächter Säle; herrisches
Pudeldunkel umgibt mich, Räume so selbstlöschend,
grenzenlos nachsichtig, immer erst im Entstehen
begriffen, mir unähnlich, aber doch ähnlich mit ihren
kleinen herausgefilterten Plätzen; wie mein Gesicht,
gecrushtes Eis hinter den Gitterstäben eines Kinderbetts.

ich rieche nach Tetra-Paketen im Supermarkt-Kühlregal.
man nährt mich mit Braunglasklirren vom Apotheken-
schränkchen. Polarlichtbändern. Gelée royale.

noch halte ich mich auf der Oberfläche wie schaukelnde
Bilder in Teetassen, jene Instanzen aus Wasser und
Ohnmacht, man stellt es sich leicht vor. vielleicht ist es leicht.

die Dame mit dem Hermelin

es stirbt, wenn man
seine Weiße beschmutzt: es reiste mit uns
im Urlauberzug, sein zuckendes Näschen nervös
vom Geruch der vergangenen baltischen See, vom

WC und dem stehenden Staub
sonnenbeschienener Polster, Weichspülern
aus überhitzten T-Shirts, salziger Haut und
dem Fett von Pommes frites an den Fingern

der Frau gegenüber: wir hatten gesehen
wie sie die ölige Spitztüte winzig zusammenknüllte
zu einem Ball für das Frettchen, das
gähnte und Reißzähne bleckte, die harten

Krallen auf ihrem zu dicken Oberschenkel gespreizt;
das sich wand an der Leine, sich wand aus verlorenen
Landschaften, die an den Fenstern vorüberrasten.
wir fragten sie: jagt es? sie drehte es mild auf den Rücken

und kraulte sein Bauchhaar. wir sahen an seiner statt über
die Schulter der Dame auf Bahnreklame und Kopfstütze
rätselten, wie der Tag würde: unbändig
oder bloß rar?

Selbstporträt als weiße Dame

eigensinnig, zartwandig, unnahbar:
ich begann zu erscheinen, bitterlich
mühte mich um den unmöglichen Körper
ein riesiges Loch im Hohlraum der Haltestelle, inwendiges
Stadion

ich schien

ein von innen beleuchtetes Iglu, umsprüht
von Sternhaufen, Kaltauszügen
früherer Bürgerhäuser,

von Straßen in Alkohol eingelegt, saumselig, sanft:
ich fertigte Säle,
Phantasmen des Anfangs, an; das, was beruht

das Kind, das ich war, in Stiefeln aus Seehundfell,
scheuend vor Sichtbarkeit, wartet im schäbigen Lichte
nervöser Erschöpfung auf Busse und Straßenbahnen wie
eine Nachwirkung fälschlich verordneter Medikamente, ein
schmächtiger Kernschatten, Schweißflecken unter den Achseln,

erwartet
elektrische Bäder, die Rätsel, die ein Kontakt hinterläßt:
die gehobene Lichtqualität des Geländes, Überempfindlichkeit,
Blickruinen;
Nebel, der sich bei Berührung bildet

Thomas Mann beim Baron von Schrenck-Notzing

Séance: die schiere Beleuchtung ergriff: bordellhaft rote
Versuchsanordnung, gelegentlich Serien von Magnesiumblitzen,
das Medium befand sich in Trance. aus seinem Munde lösten sich
unkeusch schillernde Kugeln, Moirémuster, aufschwebend,
die sich alsbald zu Gliedmaßen von flauer Farbe formten, in Teller
mit Mehl griffen, deutliche Druckspuren lassend, dann abdriftend
in jene händeringende rauschende Zone links.

mehrkämpfende Phänomene, mit Mühe die Glocke läutend, die
Schreibmaschine bedienend, etwas höchst Fragwürdiges wie ein
mitleidheischender Operationshandschuh, der schwarze Tasten
herabdrückte, Tassen warf –

waren es nicht, mal beiseite gefragt, die eigenen Finger, die direkt
ins Unheimliche faßten – mit matter Gebärde direkt ins hysterische
Dunkel, nicht ohne den Wunsch, daß es wahr sein möge: daß
Libido stärker sei als Kontrolle

hier stand von andern gewaschenes Glas
eine gesprungene Vase von lange
verschwundenen Vorgängern die doch
mit ihrer Berührung die Abgegriffenheit
lächelnd verstärkten –

das Körperlich-Unkörperliche ließ urplötzlich Pappköpfe
auf einer Schulter des Mediums kleben, Ektoplasma mit Datum
von gestern. gaukelnde Zeitungsfetzen errichteten fliegend ihr
handwarmes Schattenreich, fransige Kanten lassend, man selbst
saß als schwankendes Taschentuch mitten im Raum. schaukelnde
Ichheiten, kichernd und nicht mehr ganz unbehelligt von jenem
erotischen Grusel, daß etwas ans Licht kommt, was nichts ist
als Licht.

Selbstbildnis im Pelzrock

aus diesem Ungrund gehe ich hervor.
ich seh mich an: die Schächte der Pupillen
reichen hinab in jene Schwärze, auf der ich
als Farbe, Firnis liege: Überfluß

der Korkenzieherlocken, Lichtspiralen,
die sich ins Dunkel drehen, die das Faß
der Welt entkorken, mich mit Haut und Haar
zum Überlaufen bringen. ich: gefaßt

in Menschenpergament und Leder, gehe
im Tod des Tieres (Reh und Feh), das ich
mit meinem Atem neu belebe. meine Hand
erforscht, wo sich im Pelz der Brustkorb hebt.

als Herr der Hirsche hege ich den Raum
den jede Wimper, jedes Haar gewinnt. ich habe
sämtliche Lichter auf mein Haupt gehäuft
und jede Granne meines Kragens selbst gezählt,

ich male Siege: dies ist das Bild, das ich mir
von mir selbst, von meiner Vorderseite mache.
mein Blick jedoch geht rückwärts bis ins Grab,
durch mich hindurch, ins Dunkel, das ich war.

die Infantin Margarita Teresa in blauem Kleid

das Bild von mir im blauen Kleid ein Unterpfand,
vorausgeschickt, bevor ich selber kam mit meinem Troß.

der Mühlsteinkragen und das Roßballett
zu meiner Hochzeit. die versteckte Zuckertasche
an seinem Reitfrack. die Schabracken, fast Bodenlänge,
goldgesäumt. Levade. Kapriole. seine Sporen
in Form von Schwanenhälsen. er ritt gut,
mein Onkelgatte, und das Pferd war echt.

ich trug ein Kleid, das dazu paßte. jene Oper,
Il pomo d'oro, die er mir eigenhändig komponierte
und die neun Stunden währte – neun Stunden Liebe
schienen nicht zuviel zu solchem Anlaß, denn zuvor
vermählte man mich einem Stellvertreter, der mir im Bett
vor allem Volk sein Bein entblößte.

die Inzucht hat mich weniger versehrt als meinen Bruder,
nur die Gesundheit könnte besser sein.

Lehrpfad der Abwesenheit

»Ich beklage mich über nichts, und mir gefällt alles, ungeachtet dessen, daß ich noch nie hier war und nichts über diese Gegend weiß.«

»Seltsam, warum habe ich mich selbst belogen, daß ich noch nie hier war und nichts über diese Gegend weiß – denn eigentlich ist es hier so wie überall, nur daß man das hier noch deutlicher spürt und noch tiefer nicht versteht.«

Kollektive Aktionen

fossile Farne

die Bildrandschwärzung blieb. wir zitterten vor ihr,
                                        wir standen ungeregelt
am Bahndamm, in dem Brand der einen Lampe. mir
war kalt, dir auch. Gleis 2, Gleis 3 schien noch zu qualmen,

der Rest verkohlt. die Nacht ein Wald aus Schachtelhalmen,
rekonstruiertem Wind, aus Farn- und Bärlappkraut,
Fossilienfinsternis: ihr Wehen auf der Haut
wie eine Schicht, die sich gelöst hat, Dunkelpegel,

der einen Abdruck nahm von uns.
                                                  dies unser Haus-
tierschicksal: ausgesetzt vor der Realpräsenz,
dem Regionalexpreß auf einem Abstellgleis.

                                  du warst nicht abgegrenzt,
ich sah dich als Relief, du glühtest rücklings aus
in jenes kalte All, das alles an sich reißt.

Wolken-Gefriertruhe

die rauhe Umgangsform, die hellen Herbst-Beschwerden
den Schienenstrang entlang. gedehnte Sperlinge
verschreckt am Rand, gedehnt von einem Augenblick
zum nächsten. Mobiles.

nahm ab, nahm immer ab die Überstrahlungsneigung
der blasen-weichen Frucht, die noch am Himmel hing
in kalten Selbst-Gefilden.

                                        der große Navigator
so Wolken dirigiert: ein Schattengenerator

wir folgten doch dem Stahl, der doppelt vor uns lief,
seltsam genug, dem Strahl der Zeit, dem Dämmern zu.

wir zählten Schwellen ab, zärtlich, mit Zwischensummen.
geplustert, informell die Spatzen. ihr Verstummen.

Wahl des Waldes

es hieß, entscheidend sei die Größe, Dichte, Art
des Unterwuchses. du – du hattest diesen Ort
für uns vorausgeträumt. Gestrüpp, vom Wind geschliffen,
verschlungen, glatt und grau. Erinnerung,

Geäst aus Staub. Begriffe.
gewisse Wälder, hieß es, brauchen eine Ruhe
die ihnen niemand stört. wir waren niemand. Ruhe
bewegte sich von selbst, blieb nah, blieb immer gleich.

kamen wir vorwärts? war es nicht der Ort, der sich
bewegte? war es nicht das schlafwandelnde Laub,
das uns, die Hürden, nahm?
                    – verschon uns, Gott, mit Schafen!
mein Haar hat über Nacht die Farben abgetan,
bei jedem Seitenblick sieht mich die Weite an,
als hätte ich zu tief in diesem Wald geschlafen.

Vanitasgedanken bei Nacht

der stille schwarze Teich vergangener Gefühle
hat ausgedient. es trügt dein dicht bemooster Blick,
das Eingebildete, das Inbild, das dem Glück
erschreckend ähnlich ist

du brocktest altes Brot in eine Blindkopie,
da du im Nachtgewand die Schwäne füttern wolltest.
jetzt scheint es eine Art idiotischer Manie,
als ob du einen Teich beständig aufwärts rolltest.

ein mieser Zaubertrick. nichts läßt sich fortbewegen.
nur du hast dich bemüht. nur du hast dich gekrümmt,
das Wetter prophezeit, die Sternbilder bestimmt,

du ahnst, du hast versagt. wirst gröber, mürber, dümmer,
verdoppelst dich zuletzt wie halbe Regenwürmer,
die ihren andern Teil ergänzen können: Regen.

Vanitasgedanken am Tag

wär ich ein Knusperhaus, ein weher Fiebertraum,
wär ich ein Kirmesplatz mit einem Autoskooter,
wär ich ein Krippenspiel, wär ich ein Ego-Shooter,
ein Dinosaurus-Park, ein grüner Plüschtier-Flaum;

Modellbau, schneebesprüht. die Kunststofftannen steif
in Talkum, Bullrich-Salz, in Glasdiamantin.
mesmerisierter Wind. die Reifenspur darin.
Stadtlichter glühwurmgroß, ein Rest Kometenschweif.

das Baukastenprinzip moderner Wohneinheiten
negierte mein Gesicht, entzog mir alle Seiten,
als sei ich nur noch Ort. kaum Ort, nicht Ort genug:

Berührungsenergie, Beschwörungsmaterial,
geheimes Futteral für halbe Rituale,
Identifikation mit Flüstern und Entzug.

Rabattaktion an der Autobahnraststätte

wir standen lang am Rand der Sternbild-Wanderung.
A9 im Stau, das Licht der Scheinwerfer im Schritt
entlang des Horizonts. Benzingeruch
bis in die Niederungen.

wir standen lange dort, wie überrollt von Strahlen,
die Kiesel, Teer und Splitt, den Nacht-Asphalt zermahlen.

                                        ein Fell am Mittelstreifen
lag haltlos, ohne Tier, dem es einst angehörte.
ein Waschbär oder Fuchs, den dieses Licht betörte.
milchweiß das Laub, das tags im Dauerschatten wuchs.

wir standen lange dort, erhofften Finderlohn.
der Mond ein Seifenkind. sein Auflösungsvermögen.
                                        ich wusch die Hände zögernd
in seinem Schein, im Wind.

der Wiedehopf auf Truppenübungsplätzen

der unerreichte Ort, maßlos und grundlos, Ort,
an dessen seichtem Rand wir ständig standen: dort
die welke Witterung, die hinweis-weißen Schilder,
Reisen ins Seitliche, nur aus den Augenwinkeln.

der Ort durchzog uns schon mit Hinterlassenschaften,
mit Ausgetretenem, mit Abgeschiedenheit.
das hohle Kriegsgerät brachte die Sichtbarkeit
ein letztes Mal zurück. barocke Trotzmetaphern,

verscharrte Munition, verwehte Panzerwege
aus Sand und nochmals Sand.
die eisen-harte Noth. die Altlasten. die Weite.

das Ungeregelte und seine Wetterseite

»Factus de materia
levis elementi
folio sum similis,
de quo ludunt venti.«
Ach, erschaffen bin ich nur
aus sehr leichter Masse,
bin dem Blatte gleich, das ich
Winden überlasse.
Archipoeta, *Vagantenbeichte*

Vaganten

und was uns übrigbleibt
im Landschaftsüberfluß
das blasse Blattkonfetti abgesegnet
bereit zu rieseln, denn was muß,
das muß. und wird gleich einverleibt
vom Seelen-See, dem trüben Trauerkleid.
sieh her, Unendlichkeit:
die Orte bleiern, das Gestrüpp verregnet.

Inhalt

Suhrkamp Verlag GmbH
Torstraße 44, 10119 Berlin
info@suhrkamp.de
www.suhrkamp.de